ज़मीन पक रही है

[कविता संग्रह]

ज़मीन पक रही है

केदारनाथ सिंह

राजकमल प्रकाशन

ISBN : 978-81-267-2717-9

मूल्य : ₹495

पहला संस्करण : 1980
पहला राजकमल संस्करण : 2014
This book is printed on **Print on Demand** Technology : 2025

प्रकाशक : राजकमल प्रकाशन प्रा. लि.
1-बी, नेताजी सुभाष मार्ग, दरियागंज
नई दिल्ली-110 002

शाखाएँ : अशोक राजपथ, साइंस कॉलेज के सामने, पटना-800 006
पहली मंजिल, दरबारी बिल्डिंग, महात्मा गांधी मार्ग, प्रयागराज-211 001
1, अनमोल सोराबजी संतुक लेन, धोबी तलाव, मरीन लाइंस, मुम्बई-400 002

वेबसाइट : www.rajkamalprakashan.com
ई-मेल : info@rajkamalprakashan.com

ZAMEEN PAK RAHI HAI
Poems by Kedarnath Singh

अनुक्रम

सूर्य

वह रोटी में नमक की तरह प्रवेश करता है

ताखे पर रखी हुई रात की रोटी
उसके आने की ख़ुशी में ज़रा-सी उछलती है
और एक भूखे आदमी की नींद में गिर पड़ती है

एक बच्चा जगता है
और घने कोहरे में पिता की चाय के लिए दूध ख़रीदने
नुक्कड़ की दुकान तक अकेला चला जाता है

एक पतीली गरम होने लगती है
एक चेहरा लाल होना शुरू होता है
एक खूँख़ार चमक
तम्बाकू के खेतों से उठती है
और आदमी के ख़ून में टहलने लगती है

मेरा ख़याल है
वह आसमान से नहीं
किसी जानवर की माँद से निकलता है

और एक लम्बी छलाँग के बाद
किसी गंजे तथा मुस्तंड आदमी के भविष्य में
ग़ायब हो जाता है
अकेला
और शानदार

वह आदमी के सर उठाने की
यातना है
आदमी का बुख़ार
आदमी की कुल्हाड़ी
जिसे वह कन्धे पर रखता है
और जंगल की ओर चल देता है

मेरी बस्ती के लोगों की दुनिया में
वह अकेली चीज़ है
जिस पर भरोसा किया जा सकता है

सिर्फ़ उस पर रोटी नहीं सेंकी जा सकती!

ज़मीन

उसने तय किया वह बढ़ई के पास जाएगा
और बातचीत शुरू करेगा
पत्ते गिर रहे हैं और इस समय उसकी रुखानी का
ज़रा-सा हिलना भी निर्णायक हो सकता है

लाल पत्थर की तरह लग रही थी ज़मीन
जब उसने पहली बार देखा
और उसे याद आया यही मौसम है जब पेड़
सबसे ज़्यादा परेशान होते हैं
मेज़ और कुर्सियाँ बनने के लिए

अगर इस समय पेड़ को
पेड़ कहना बेमानी लगता है—
और ज़ाहिर है कि लगता है उसने सोचा—
तो उसे ताज़ा बुरादे की ठंडी ख़ुशबू कहने में
कोई हर्ज़ नहीं।

यह पशुओं के बुख़ार का मौसम है
यानी पूरी ताक़त के साथ

ज़मीन को ज़मीन
और फावड़े को फावड़ा कहने का मौसम
जब जड़ें
बकरियों के थनों की
गरमाहट का इन्तज़ार करती हैं

शुरू में दुनिया
एक थन की तरह लगती होगी उसने सोचा
और उसने कहा कोई बात नहीं
वह आज भी एक जानवर की तरह ठोस
और ख़ूबसूरत दिखती है

उसने एक औरत के बारे में सोचा
उसने एक दरख़्त की पीठ थपथपाई
उसने महसूस किया उसे भी चरनी चाहिए घास
जैसे घोड़े चरते हैं
इसमें शर्म की कोई बात नहीं

ज़मीन अपने कपड़े उतार रही थी
हवा में एक अजीब-सी ठंड थी
जिसमें ज़मीन का कत्थईपन मिला हुआ था

ज़मीन पक रही है—उसने कहा
और उसे लगा यह एक ऐसी ख़बर है
जो खरहों की माँद तक पहुँचा देनी चाहिए

वह ग़ायब हो गया
अब उसे खोजना बेकार था
जब बेतार के तार उसे ज़मीन के अन्दर तलाश रहे थे
वह बस्ती के सिरे पर एक मटर के दाने के बाहर खड़ा था
और उससे सटी हुई मिट्टी अपने नाख़ूनों से खुरच रहा था

उसे बेहद हैरानी हुई जब उसने देखा
खरहों की माँद में ज़मीन नहीं है!

उसने तय किया वह एक दिन
एक चाक़ू लाएगा और ज़मीन को बीचोबीच
आलू की तरह चीर देगा

वह ज़मीन की महक दर्ज़ी तक ले जाएगा
और कहेगा—'सिलो'

वह उस औरत के पास जाएगा
और कहेगा—सब्ज़ी अगर नहीं पकती
तो कोई बात नहीं
ज़मीन पक रही है

उसके सामने घोड़े की पीठ की तरह
फैली हुई थी ज़मीन
ज़मीन सिर्फ़ ज़मीन की तरह लग रही थी

सिर्फ़ ज़मीन थी
और ज़मीन का पकना था
जैसे बस्ती में गोश्त पक रहा हो।

आवाज़

चुप रहने से कोई फ़ायदा नहीं
मैंने दोस्तों से कहा और दौड़ा
सीधे खेतों की ओर
कि शब्द कहीं पक न गए हों

यह दोपहर का समय था
और शब्द पौधों की जड़ों में सो रहे थे
ख़ुशबू यहीं से आ रही थी—मैंने कहा
यहीं—यहीं—शब्द यहीं हो सकता है
जड़ों में

पकते हुए दाने के भीतर
शब्द के होने की पूरी सम्भावना थी

मुझे लगा मुझे एक दाने के अन्दर
घुस जाना चाहिए
पिसने से पहले मुझे पहुँच जाना चाहिए
आटे के शुरू में

चक्की की आवाज़ के पत्थर के नीचे
मुझे होना चाहिए इस समय
जहाँ से
गाने की आवाज़ आ रही थी

यह माँ की आवाज़ है—मैंने कहा
चक्की के अन्दर माँ थी

पत्थरों की रगड़ और आटे की गन्ध से
धीरे-धीरे छन रही थी
माँ की आवाज़
फिर मैं सो गया
कब और कहाँ मुझे याद नहीं

सिर्फ़ चक्की चलती रही
और माँ की आवाज़ आती रही
रात भर।

बिना नाम की नदी

मेरे गाँव को चीरती हुई
पहले आदमी से भी बहुत पहले से
चुपचाप बह रही है वह पतली-सी नदी
जिसका कोई नाम नहीं

तुमने कभी देखा है
कैसी लगती है बिना नाम की नदी?

कीचड़ सिवार और जलकुम्भियों से भरी
वह इसी तरह बह रही है पिछले कई सौ सालों से
एक नाम की तलाश में
मेरे गाँव की नदी

कहीं कोई मरता है
लोग उठाते हैं
और नदी जहाँ सबसे ज़्यादा चुप और अकेली होती है
उसी के आजू-बाजू फूँक आते हैं

जब मैं छोटा था तो अक्सर सोचता था
लोग जिसे फूँक आते हैं
उसका क्या करती है नदी!

सूरज निकलने के काफ़ी देर बाद
आती हैं भैंसें
नदी में नहाने के लिए

नदी कहीं गहरे में हिलती है पहली बार
फिर आते हैं झुम्मन मियाँ
हाथ में लिये हुए बंसी और चारा

नदी में पहली बार एक चमक आती है
जैसे नदी पहचान रही हो झुम्मन मियाँ को

फिर सूरज डूबने तक
वहीं के वहीं
बंसी लगाए हुए
एकटक बैठे रहते हैं झुम्मन मियाँ

दिन भर में कितनी मछलियाँ
फँसती हैं उनकी बंसी में?
कितने झींगे कितने सिवार
पानी से कूदकर आ जाते हैं

उनके थैले के अन्दर
कोई नहीं जानता

नदी को कौन देता है नाम
तुमने कभी सोचा है?

क्या सुबह से शाम तक
नदी के किनारे
नदी के लिए किसी नाम की तलाश में
एकटक बैठे रहते हैं झुम्मन मियाँ?

प्रतीक्षा के विरुद्ध कुछ पंक्तियाँ

उठो और दरवाज़ा खोल दो
अख़बार का समय हो गया है

कुछ भी ठीक नहीं
सूरज और हॉकर में किसकी दस्तक पहले पड़ जाए

दस लाख साइकिलों ने
सहसा तेज़ कर दी है अपने होने की रफ़्तार
सिर्फ़ यह जानने के लिए
कि ज़रूरत पड़ने पर आदमी की परछाईं
एक छोटे से चम्मच में रखी जा सकती है
या नहीं

प्रतीक्षा—प्रेमिका की हो या अख़बार की
एक ग़लत शब्द है
ग़लत और बेमानी
आदमी को सिर्फ़ तैयार रहना चाहिए

पर कहाँ से शुरू होता है आदमी का दिन?
कहाँ है वह लकीर जहाँ तुम उँगली रख दो
और कहो—यह है—यह है मेरा दिन

पहले तुम्हें तय करना होगा
आज बुध है या बृहस्पति
सात है या सत्ताइस

और बन्धु
कितना बदल जाता है सब कुछ
यहाँ तक कि मंजन का स्वाद भी
सिर्फ़ यह कहने से कि आज बुध नहीं बृहस्पति है

पर तुम्हें ख़ुश होना चाहिए
दुनिया दिनों के नाम-परिवर्तन से नहीं
बल्कि दुनिया चलती है एक हवा-गणित से

जैसे चिड़ियाँ
तुम्हारे कोट की जेबों से नहीं
बल्कि चिड़ियाँ निकलती हैं
शहर की सबसे मनहूस इमारतों से

कुछ शब्द हैं—जैसे सूर्योदय—
जिनके जादू से बचना चाहिए
कुछ चीज़ें हैं—जैसे साबुन का यह डिब्बा

जिसके बारे में तुम्हारी चुप्पी
सिर्फ़ उन ताक़तों को लाभ पहुँचाती है
जो तुम्हें तुम्हारे तौलिये के विरुद्ध
इस्तेमाल करना चाहती हैं

उठो उठो
और दरवाज़ा खोल दो।

दुश्मन

इक्कीसवें दिन
जबकि मौसम साफ़ था
और मेरी दाढ़ी बढ़ी हुई
मैंने सूरज की ओर देखा
और सिर हिलाया

क्योंकि यही एक काम था
जो उस समय किया जा सकता था

एक आदमी शहर के दूसरे छोर पर
मेरा इन्तज़ार कर रहा था

एक साइकिल धूप में खड़ी थी
जो साइकिल से ज़्यादा एक चुनौती थी
मेरे फेफड़ों के लिए
और मेरी भाषा के पूरे वाक्य-विन्यास के लिए

मुझे आदमी का चीख़ना
चमत्कार की तरह लगता है

मैंने अपने समय के सबसे मज़बूत आदमी को
अँधेरे से कूदकर
एक माचिस के अन्दर जाते हुए देखा है

मेरी मुश्किल यह है
मैं चीज़ों को जानता हूँ

जानना
चीज़ों के ख़िलाफ़
आदमी की मांसपेशियों का लगातार हमला है
जिसके लिए हर बार
एक नए मोर्चे की तलाश करनी पड़ती है

दुश्मन कहीं दिखाई नहीं पड़ता
रेडियो जिसके नाम का ज़िक्र कभी नहीं करता

नमक और पानी
सिर्फ़ दो शब्द मेरे पास हैं
तीसरा हमेशा उसके पास रहता है

पर कितना अजीब है

कि सारी सुविधाओं के बावजूद
इस समय
टेलीफ़ोन के किसी भी नम्बर पर
उससे सम्पर्क नहीं किया जा सकता!

रोटी

उसके बारे में कविता करना
हिमाक़त की बात होगी
और वह मैं नहीं करूँगा

मैं सिर्फ़ आपको आमंत्रित करूँगा
कि आप आएँ और मेरे साथ सीधे
उस आग तक चलें
उस चूल्हे तक—जहाँ वह पक रही है
एक अद्‌भुत ताप और गरिमा के साथ
समूची आग को गन्ध में बदलती हुई
दुनिया की सबसे आश्चर्यजनक चीज़
वह पक रही है

और पकना
लौटना नहीं है जड़ों की ओर

वह आगे बढ़ रही है
धीरे-धीरे

झपट्टा मारने को तैयार
वह आगे बढ़ रही है

उसकी गरमाहट पहुँच रही है आदमी की नींद
और विचारों तक

मुझे विश्वास है
आप उसका सामना कर रहे हैं

मैंने उसका शिकार किया है
मुझे हर बार ऐसा ही लगता है
जब मैं उसे आग से निकलते हुए देखता हूँ

मेरे हाथ खोजने लगते हैं
अपने तीर और धनुष
मेरे हाथ मुझी को खोजने लगते हैं
जब मैं उसे खाना शुरू करता हूँ

मैंने जब भी उसे तोड़ा है
मुझे हर बार वह पहले से ज़्यादा स्वादिष्ट लगी है
पहले से ज़्यादा गोल
और ख़ूबसूरत
पहले से ज़्यादा सुर्ख़ और पकी हुई

आप विश्वास करें
मैं कविता नहीं कर रहा
सिर्फ़ आग की ओर इशारा कर रहा हूँ

वह पक रही है
और आप देखेंगे—यह भूख के बारे में
आग का बयान है
जो दीवारों पर लिखा जा रहा है

आप देखेंगे
दीवारें धीरे-धीरे
स्वाद में बदल रही हैं।

जब वर्षा शुरू होती है

जब वर्षा शुरू होती है
कबूतर उड़ना बन्द कर देते हैं
गाली कुछ दूर तक भागती हुई जाती है
और फिर लौट आती है

मवेशी भूल जाते हैं चरने की दिशा
और सिर्फ़ रक्षा करते हैं उस धीमी गुनगुनाहट की
जो पत्तियों से गिरती है
सिप् सिप् सिप् सिप्...

जब वर्षा शुरू होती है
एक बहुत पुरानी-सी खनिज गन्ध
सार्वजनिक भवनों से निकलती है
और सारे शहर पर छा जाती है

जब वर्षा शुरू होती है
तब कहीं कुछ नहीं होता
सिवा वर्षा के

आदमी और पेड़
जहाँ पर खड़े थे वहीं पर खड़े रहते हैं
सिर्फ़ पृथ्वी घूम जाती है उस आशय की ओर
जिधर पानी के गिरने की क्रिया का रुख़ होता है।

बहस

शाम हो जाती है

इससे पहले कि आटा गूँथा जाए
इससे पहले कि तवा गरम हो
इससे पहले कि लकड़हारे जंगल से लौटें
शाम हो जाती है

और जब शाम हो जाती है
तो यह मेरी मेज़ है
और यह मेरा कमरा

मेरे दोस्त आते हैं
और इस मेज़ के चारों ओर बैठ जाते हैं

फिर एक बहस शुरू होती है
कोई नहीं जानता कब
मगर धीरे-धीरे
माचिस की तीली या तम्बाकू की ख़ुशबू से

शुरू हो जाती है बहस
एक आदमी चीख़ता है
और दूसरे इन्तज़ार करते हैं
फिर दूसरा फिर तीसरा
फिर सातवाँ

फिर शब्द अचानक ग़ायब हो जाते हैं

कुछ देर तक
कमरे में चले आते हैं पेड़ और झाड़ियाँ

फिर अचानक कोई एक हिलता है
मेज़ कुछ फैलने लगती है
कुछ लौटने लगता है हर आदमी के अन्दर
जो पहले नहीं था

और बहस जहाँ ख़त्म हो गई थी
ठीक वहीं से एक उँगली उठती है
और काँपती हुई कहती है
वहाँ...वहाँ...

और हालाँकि कोई नहीं जानता कहाँ
पर हर आदमी उठता है
और उसी तरफ़ चल देता है।

दो लोग

तुमने अकेले आदमी को पहाड़ से उतरते हुए देखा है?
मैं कहूँगा—कविता
एक शानदार कविता

मगर उन्हें तुम क्या कहोगे
वे दो लोग जो उस पेड़ के नीचे बैठे हैं
महज़ दो लोग

कितने घंटों कितने दिन कितनी शताब्दियों से
वहाँ बैठे हैं दो लोग
क्या तुम बता सकते हो?

दो लोग ज़रा देर बाद उठेंगे
और समूचे शहर को अपनी पीठ पर लादकर
किसी नदी या पहाड़ की तरफ़ चल देंगे दो लोग

दो लोग क्या करेंगे इस दुनिया का
तुम कुछ नहीं कह सकते!

दो लोग फिर लौटेंगे
किसी भरी दोपहरी में सड़क के किनारे
तुम्हें अचानक मिल जाएँगे दो लोग

मगर क्यों दो लोग
और हमेशा दो लोग?

क्या एक को तोड़ने से बन जाते हैं दो लोग?

दो लोग तुम्हारी भाषा में ले आते हैं
कितने शहरों की धूल और उच्चारण
क्या तुम जानते हो?

दो लोग
सड़क के किनारे महज़ चुपचाप चलते हुए दो लोग
तुम्हारे शहर को कितना अनन्त बना देते हैं
तुमने कभी सोचा है?

टमाटर बेचने वाली बुढ़िया

वह टमाटर बेच रही है

मुझे टमाटरों की रोशनी में
उसका लहकता हुआ चेहरा दिखाई पड़ता है
यह माँ का चेहरा है—मैं ख़ुद से कहता हूँ
मुझे गोर्की की 'माँ' बेहतर याद आ रही है

गहरे सुर्ख़ टमाटर
उसकी टोकरी में भरे हैं
धूप टमाटरों को
चाक़ू की तरह चीर रही है
टमाटरों के अन्दर बहुत-सी नदियाँ हैं
और अनेक शहर जिन्हें बुढ़िया के अलावा
कोई नहीं जानता

एक गाहक आता है
और टोकरी हिलने लगती है

मुझे लगता है बुढ़िया टोकरी से
अपनी जगह बदल रही है
मैं काँपने लगता हूँ यह देखकर
कि टमाटर इस काम में
बुढ़िया की मदद कर रहे हैं

अब बुढ़िया के हाथ
टमाटरों से खेल रहे हैं
वह एक भूरे टमाटर को धीरे से उठाती है
और हरी पत्तियों के नीचे
छिपा देती है—माँ की तरह

मुझे बुढ़िया की यह हरकत
बेहद दिलचस्प लगती है
यह माँ का एक बिलकुल नया चेहरा है
जो हरी पत्तियों के नीचे से
झाँक रहा है

मैं उस चेहरे को ग़ौर से देखता हूँ
मैं देखता हूँ उस टोकरी को
जो बिलकुल उस चेहरे की तरह लग रही है

टोकरी में टमाटर हैं
पर टमाटरों के नीचे क्या है?

क्या है—क्या है हरी पत्तियों के नीचे
मैं बुढ़िया से पूछना चाहता हूँ

बुढ़िया चुप है
एकदम माँ की तरह।

बाज़ार से लौटकर

अब तुम बैठ सकते हो
या फिर खड़े रह सकते हो
जितनी देर चाहो

अपने कपड़े या शहर बदल सकते हो
यह तुम्हारा घर है
तुम जितनी देर चाहो इसमें चल सकते हो

अपने ग़ुस्से को निकालकर
हथेली पर रख सकते हो
देख सकते हो उसमें कितना तेज़ाब
और कितनी बाज़ार की धूल है

तुम हँस सकते हो
या हँसने से इनकार कर सकते हो

और हालाँकि तुम्हारी प्रेमिका
तुम्हें अब तक भूल चुकी होगी

तुम अब भी उसे प्यार कर सकते हो

तुम्हारे पास अब भी वक़्त है
तुम चाहो तो अपने शहर के सबसे ख़ौफ़नाक
आदमी से मिल सकते हो
या फिर
जैसे वह पेड़ हिल रहा है
पूरी गरिमा के साथ तुम भी हिल सकते हो

तुम अपनी बात
अपनी भाषा की सारी ताक़त के साथ
कह सकते हो
और कहने के बाद भी इसी शहर में
ज़िन्दा रह सकते हो

क्योंकि मैंने देखा है
सारी रोशनियों के बुझ जाने के बाद भी
रात के तीसरे पहर
जब भेजने के लिए किसी के पास कुछ नहीं होता
बड़ा डाकघर तब भी खुला रहता है।

बैल

मैं नहीं जानता अब भी उसकी ज़रूरत है
या नहीं
लेकिन वह लौट रहा है
डूबते हुए सूरज की तन्दूरी रोटी से
बेख़बर
सिर्फ़ हवा की नमी और घास का गट्ठर
अपनी पीठ पर लिये हुए

जैसे पत्थर का ढोंका
पहाड़ से लुढ़का दिया गया हो

वह चल रहा है
और सिर्फ़ एक पगडंडी उसे याद है
जो उसकी पूँछ की तरह
उसे हाँके लिये जा रही है

एक गन्ध आ रही है
और वह नहीं जानता कहाँ से

मगर गन्ध आ रही है
और ढोल बज रहा है
और जंगल में पेड़ काटे जा रहे हैं
और मेमने उसके खुरों को कुचल रहे हैं

वह ज़रा-सा हूँफता है
उसके कान खड़े हो जाते हैं
वह भूसे की ख़ुशबू है—वह अपने आपसे कहता है
और एक नई उम्मीद के साथ
अपने पूरे शरीर को
बस्ती की नींद और गरमाहट पर छोड़ देता है

जलती हुई आग
और ऊँघते हुए क़िस्सों के बीच
वह एक ऐसा जानवर है जो दिन भर
भूसे के बारे में सोचता है
रात भर
ईश्वर के बारे में

अगला दिन
एक बिलकुल नया दिन होता है
ताज़ा और ठंडा

अचानक उसे चरागाहों की याद आती है
वह पूँछ उठाता है
और बस्ती के इक्कीस चक्कर लगाने के बाद

पाता है—वह ठीक अपने हल के
सामने खड़ा है

उसे बेहद ख़ुशी होती है
वह पहली बार अपने माथे पर
अपने शानदार सींगों का होना
महसूस करता है

और दूनी ताक़त के साथ
जुए के नीचे
अपनी गर्दन रख देता है

सिर्फ़
उसके उठे हुए सींग
सिवानों में चमकते रहते हैं
सूर्यास्त तक।

दिशा

हिमालय किधर है
मैंने उस बच्चे से पूछा जो स्कूल के बाहर
पतंग उड़ा रहा था

उधर—उधर—उसने कहा
जिधर उसकी पतंग भागी जा रही थी

मैं स्वीकार करूँ
मैंने पहली बार जाना
हिमालय किधर है!

बढ़ई और चिड़िया

वह लकड़ी चीर रहा था

कई रातों तक
जंगल की नमी में रहने के बाद उसने फ़ैसला किया था
और वह चीर रहा था

उसकी आरी कई बार लकड़ी की नींद
और जड़ों में भटक जाती थी
कई बार एक चिड़िया के खोंते से
टकरा जाती थी उसकी आरी

उसे लकड़ी में
गिलहरी की पूँछ की हरकत महसूस हो रही थी
एक गुर्राहट थी
एक बाघिन के बच्चे सो रहे थे लकड़ी के अन्दर
एक चिड़िया का दाना ग़ायब हो गया था

उसकी आरी हर बार
चिड़िया के दाने को
लकड़ी के कटते हुए रेशों से खींचकर
बाहर लाती थी
और दाना हर बार उसके दाँतों से छूटकर
ग़ायब हो जाता था

वह चीर रहा था
और दुनिया दोनों तरफ़
चिरे हुए पटरों की तरह गिरती जा रही थी

दाना
बाहर नहीं था
इसलिए लकड़ी के अन्दर ज़रूर कहीं होगा
यह चिड़िया का ख़याल था

वह चीर रहा था
और चिड़िया ख़ुद लकड़ी के अन्दर
कहीं थी
और चीख़ रही थी।

पेड़

ये पेड़
भीड़ में छिपे जासूस की तरह
तुम्हारा पीछा करेंगे तुम जहाँ भी जाओगे

एक हरी-भरी डाल के नीचे गुज़रते हुए
तुम्हें पता भी नहीं चलेगा
कि हरा एक ऐसा रंग है
जो सीधे आदमी के शक पर चोट करता है

तुम कभी नहीं जान पाओगे
कि तुम्हारा सारा दिन गुज़र जाता है
किसी बीते हुए पेड़ से
किसी खोए हुए घर की
दूरी तय करने में

तुम्हें कोई नहीं बताएगा
कि इस समय
इस कोरे काग़ज़ पर तुम जो कुछ लिख रहे हो
उसमें पेड़ों की यातना-भरी चुप्पी भी शामिल है।

लड़के

दाँतों की उपयोगिता के बारे
उनमें कोई मतभेद नहीं है
क्योंकि फलों के ख़िलाफ़
उनके पास कुछ भी नहीं है
सिवा अपने दाँतों के

वे खुली धूप में
पूरे शरीर की व्याख्या करना चाहते हैं

कन्धे अपनी ज़रूरत खोते जा रहे हैं
जबकि चाक़ू डोरे खड़िया और स्लेट
ये महज़ शब्द नहीं
ज़मीन के अन्दर बिछी सुरंगें हैं
जिनसे होकर अपने घर के पास तक
पहुँचा जा सकता है

मगर इससे पहले कि वे अपने घर पहुँचें
वे हत्यारों से मिलना चाहते हैं

वे पूछना चाहते हैं उस चिड़िया के बारे में
जो शहर में
अक्तूबर के शुरू में दिखाई पड़ती है
और फिर साल-भर दिखाई नहीं पड़ती

उनका ख़याल है
हत्यारे उसे ज़रूर जानते होंगे
क्योंकि हत्यारे सब जानते हैं
उनका ख़याल है

उनके तर्क बिलकुल साफ़ हैं
वे चीज़ों को तर्क की तरह
इस्तेमाल करना चाहते हैं

उन्होंने अपने बिस्तर पर
अपनी टाँगों को देखा है
अपने साथ सोते और सपना देखते हुए।

फ़र्क़ नहीं पड़ता

हर बार लौटकर
जब अन्दर प्रवेश करता हूँ
मेरा घर चौंककर कहता है—'बधाई'

ईश्वर
यह कैसा चमत्कार है
मैं कहीं भी जाऊँ
फिर लौट आता हूँ

सड़कों पर परिचय-पत्र माँगा नहीं जाता
न शीशे में सबूत की ज़रूरत होती है
और कितनी सुविधा है कि हम घर में हों
या ट्रेन में
हर जिज्ञासा एक रेलवे टाइम टेबुल से
शान्त हो जाती है

आसमान मुझे हर मोड़ पर
थोड़ा-सा लपेटकर बाक़ी छोड़ देता है

अगला क़दम उठाने
या बैठ जाने के लिए

और यह जगह है जहाँ पहुँचकर
पत्थरों की चीख़ साफ़ सुनी जा सकती है

पर सच तो यह है कि यहाँ
या कहीं भी फ़र्क़ नहीं पड़ता
तुमने जहाँ लिखा है 'प्यार'
वहाँ लिख दो 'सड़क'
फ़र्क़ नहीं पड़ता

मेरे युग का मुहावरा है
फ़र्क़ नहीं पड़ता

अक्सर महसूस होता है
कि बग़ल में बैठे हुए दोस्तों के चेहरे
और अफ़्रीका की धुँधली नदियों के छोर
एक हो गए हैं

और भाषा जो मैं बोलना चाहता हूँ
मेरी जिह्वा पर नहीं
बल्कि दाँतों के बीच की जगहों में
सटी हुई है

मैं बहस शुरू तो करूँ
पर चीज़ें एक ऐसे दौर से गुज़र रही हैं
कि सामने की मेज़ को
सीधे मेज़ कहना
उसे वहाँ से उठाकर
अज्ञात अपराधियों के बीच में रख देना है

और यह समय है
जब रक्त की शिरा शरीर से कटकर
अलग हो जाती है
और यह समय है
जब मेरे जूते के अन्दर की एक नन्ही-सी कील
तारों को गड़ने लगती है।

दोपहर

कविता की एक पंक्ति
दब गई है धूप
और पत्तों की बातचीत में

चढ़ते हुए सूरज
और ढाल से उतरते हुए आदमी के बीच
सिर्फ़ एक पत्ती की दूरी रह गई है

इस समय सड़क पर
कोई भी किसी का
समकालीन नहीं है।

सम्पर्क-भाषा

कुछ
जिसे डाकिया कभी नहीं लाता
कुछ—जो दिन भर गिरता रहता है
मकानों की छतों से धूल की तरह

कुछ—जिसे पकड़ने की जल्दी में
बसें छूट जाती हैं
चाय का प्याला मेज़ पर धरा रह जाता है
और शहर में होने वाली हत्या की ख़बर
चौंकाती नहीं
न आघात देती है
सिर्फ़ आदमी उठता है
और अपनी कंघी को उठाकर
शीशे के और क़रीब रख देता है

कुछ—जिसके लिए
सारी पेंसिलें रोती हैं नींद में
और सड़क के दोनों किनारों के मकान
बिना किसी शब्द के
बरसों तक खड़े रहते हैं
एक ही सीध में।

एक प्रेम-कविता को पढ़कर

उस लम्बी प्रेम-कविता को पढ़ने के बाद
मैंने किताब बन्द कर दी
और पूछा—बत्तख़ें कहाँ हैं!

मुझे आश्चर्य हुआ दूर-दूर तक
वे कहीं नहीं थीं

यह कविता की तीसरी पंक्ति थी
या शायद पाँचवीं—जहाँ मुझे पहली बार लगा था
यहाँ बत्तख़ें हो सकती हैं

मैंने उनके डैनों की छप्-छप् सुनी थी
यह मेरा भ्रम भी हो सकता है

वह स्त्री
न जाने कितनी देर से
कविता की बारहवीं पंक्ति में खड़ी थी
और बस का इन्तजार कर रही थी

उसे कहाँ जाना है—कविता इसके बारे में
बिलकुल चुप थी
सिर्फ़ एक हल्की-सी धूप
स्त्री के कन्धों पर पड़ रही थी
कविता की सत्रहवीं पंक्ति से छनकर

स्त्री ख़ुश थी
कम से कम उसके चेहरे पर ऐसा कुछ नहीं था
कि कविता की इक्कीसवीं पंक्ति तक जाते-जाते
वह अचानक ग़ायब हो जाएगी
जैसे हर स्त्री हो जाती है

जहाँ अगली पंक्ति शुरू होती थी
साखू के पेड़ वहीं खड़े थे
पेड़ कविता में एक अजीब-सी दहशत
पैदा कर रहे थे

हर अगली पंक्ति एक गहरी आशंका थी
हर अगली पंक्ति के बारे में

अगर मैं भूलता नहीं तो यह कविता की
उन्नीसवीं पंक्ति थी जहाँ स्त्री
आलू चीर रही थी

गोल और भूरे आलू चीरे जा रहे थे

कविता के अन्दर
और कविता ज़्यादा चुप
ज़्यादा ठोस होती जा रही थी

मेरा ख़याल है यह कटती हुई सब्ज़ी की ख़ुशबू थी
जो स्त्री को बचाए हुए थी
अगली अनेक पंक्तियों तक

बाईसवीं तक जाते-जाते मुझे लगा
कविता अपनी जगह बदल रही है
एक तेज़ गोली की तरह
स्त्री के कन्धों से होती हुई
साखू के पेड़ों की ओर चली गई थी कविता

उसके आगे कोई पंक्ति नहीं थी
कोई शब्द नहीं था कविता में उसके आगे
सिर्फ़ स्त्री थी
सिर्फ़ उसके कन्धे
उसकी पीठ
उसकी आवाज़—सिर्फ़ स्त्री थी
जो पूरी की पूरी
अब कविता के बाहर खड़ी थी
और कविता को ध्वस्त कर रही थी।

आधी रात

ठीक इसी समय
रात अपने काले वस्त्रों को उतारना शुरू करती है
गली में सुनाई पड़ती है
मुहल्ले के आख़िरी आदमी के लौटने की आवाज़

ठीक इसी समय शहर के सारे कुत्ते
अचानक भूँकना शुरू करते हैं
और नदी पर छपने लगती है
मेरे समय की सबसे सच्ची और दहला देने वाली कविता

ठीक इसी समय एक घंटा बजता है
और शहर के किसी एक नियम के तहत
अस्पतालों में रोगी
और मंच पर अभिनेता दम तोड़ देते हैं।

हाकर

इस शहर में
हर आदमी छिपा रहा है
अपनी प्रेमिका का नाम

सिवा उस हाकर के
जो सड़क पर चिल्ला रहा है
वियतनाम! वियतनाम!

ढाल से उतरते हुए

मेरे सामने एक ढाल है
ढाल से ज़्यादा एक कोई भी दिशा
जो कहीं इशारा नहीं करती
सिर्फ़ टँगी रहती है वायुमंडल के स्तम्भों पर
एक फटे इश्तहार की तरह

कुछ लोग
जो इससे पहले यहाँ या कहीं भी नहीं थे
अभी-अभी मेरी बग़ल से जाते हुए
इस ढाल के सिरे पर
एक उदास ख़ाका छोड़ गए हैं
जिसमें कोई रंग नहीं है

पर एक अजीब-सा तर्क है
उनके इस तरह जाने
और उस उदास ख़ाका के छूट जाने के पीछे
कि मैं उनके बाद की
इस खुली हवा और अबाध विस्तार के बीच
कहीं ग़लत हो गया हूँ।

नाम

नाम कमाने की धुन में
जब यहाँ तक आया
तो अचानक पाया
कि हर नाम एक घोंसला है
जिसमें कोई चिड़िया अंडा नहीं देती।

जाड़ों के शुरू में आलू

वह ज़मीन से निकलता है और सीधे
बाज़ार में चला आता है

यह उसकी एक ऐसी क्षमता है
जो मुझे अक्सर दहशत से भर देती है

वह आता है
और बाज़ार में भरने लगती है एक अजीब-सी धूप
अजीब-सी अफ़वाहें

मैं देर तक उसकी गोलाई के चारों ओर घूमता हूँ
और अन्त में उसके सामने खड़ा हो जाता हूँ
मैं छूता हूँ क़िले की तरह ठोस उसकी दीवारें
मैं उसका छिलका उठाता हूँ
और झाँककर पूछता हूँ—मेरा घर
मेरा घर कहाँ है?

वह बाज़ार में ले जाता है आग
और बाज़ार जब सुलगने लगता है

वह बोरों के अन्दर उछलना शुरू करता है
हर चाक़ू पर गिरने के लिए तत्पर
हर नमक में घुलने के लिए तैयार

जहाँ बहुत-सी चीज़ें लगातार टूट रही हैं
वह हर बार आता है
और पिछले मौसम के स्वाद से जुड़ जाता है।

जो एक स्त्री को जानता है

हवा को बहने दो
और उस स्त्री को भूल जाओ
जिसे तुम प्यार करते हो

इसमें तुम्हें जंगली पत्तों की ख़ुशबू
और एक जानवर के रोओं की गरमाहट मिलेगी
तुम्हें एक मज़बूत पत्थर मिलेगा
जिस पर तुम बैठ सकते हो

पत्थर को छुओ
तुम्हें पानी का संगीत सुनाई पड़ेगा

एक पत्ता उठा लो
और तुम पाओगे तुम उसकी नसों में
ख़ून की तरह बह रहे हो

तुम बाहर निकलोगे
और तुम्हें सूरज मिल जाएगा

अपनी भेड़ों को हाँकता हुआ गड़रिया सूरज
उसे देखो
उसे पहचानो
उसे महसूस करो अपनी गर्दन और ललाट पर

यह एक आँच है जो तुम्हें धीरे-धीरे
उस यातना के लिए तैयार करेगी
जो कि तुम ख़ुद को

अगले बुधवार के बाद
हो सकता है पिछला शनिवार
तुम्हें बिलकुल न याद रहे
हो सकता है तुम अपने शहर में घुसो
और तुम्हें लगे कि शहर
एक स्त्री की अनुपस्थिति का दूसरा नाम है

(शहर का पहला नाम क्या है
यह कोई नहीं जानता)

तुम पेड़ को देखोगे
और तुम्हें लगेगा वह अपनी जड़ें
तुम्हारी तरफ़ फेंक रहा है
जड़ें तुम्हारे ख़ून में फैलती जा रही हैं
तुम्हें लगेगा

उन्हें सहो—उन्हें सूँघो—उन्हें फैलने दो

यह जड़ों का संगीत है
जो तुम्हारी नसों में बज रहा है

घड़ी मत देखो
समय की सूचना तुम्हें पेड़ भी दे सकते हैं
तुम्हें पत्ते भी उछाल सकते हैं
ठीक उसी तरफ़ जिधर तुम्हें जाना है

हवा को बहने दो

आगे बढ़ो—थोड़ा और आगे
और तुम पाओगे तुम भूलते जा रहे हो दिन
और नाम और तारीख़ें
तुम भूलते जा रहे हो शहर और रंग
और चेहरे

पर आँखें फिर भी रह जाएँगी
नहाने के बाद देह में बची हुई ऊष्मा की तरह
वे फिर भी रह जाएँगी तुम्हारे अन्दर
और तुम्हें लगेगा
तुम्हारी आत्मा में घास उग रही है

चौंको मत इसमें कोई अजूबा नहीं है
जो एक स्त्री को जानता है
उसके लिए कुछ भी—कुछ भी अजूबा नहीं है

आगे बढ़ो थोड़ा और आगे
अन्त में
सबसे अन्त में तुम्हें नदी दिखाई पड़ेगी
एक लम्बे सफ़र के बाद नदी को देखना
तुम्हें रोमांचकारी लगेगा

तुम हैरान रह जाओगे यह देखकर
कि पानी में आज भी वही चमक है
जो पिछले मार्च में तुमने देखी थी।

नंगी पीठ

वह जाते हुए आदमी की नंगी पीठ थी
जो धूप में चमक रही थी

एक कुत्ता जो उसे देखकर
बेतरह भूँक रहा था
मुझे सूँघता हुआ बस के अड्डे तक
मेरे साथ-साथ गया

और उसके बाद हम दोनों
इस बात पर सहमत हो गए
कि आदमी की नंगी पीठ
उसके चेहरे से ज़्यादा दिलचस्प होती है
ज़्यादा तर्कसंगत।

सूर्यास्त

मैंने देखा पानी
सुन्दर साफ़ चमकता हुआ पानी
मैंने देखा

और मैंने ख़ुद से कहा
पानी का अर्थ है बोलना
आदमी का खड़ा होना पानी का अर्थ है

सिर्फ़ पेड़ का हरा होना
पानी का अर्थ कदापि नहीं है

पक्षियों का एक झुंड मेरे ऊपर से उड़ा जा रहा था

मैंने कहा कल
कल यहीं पर मिलूँगा
अगर समय रहा
और मेरी खाल मेरे शरीर से इसी तरह चिपकी रही

यहीं पर मिलूँगा मैंने कहा
और मैंने सूरज को देखा

मैंने एक लम्बी और सफ़ेद दाढ़ी देखी
जिसे सूरज लगाए हुए था!

दीवार

मुझे नहीं लगता
मैं उसे देख रहा हूँ

मुझे हमेशा यही लगता है
मैं उसे खा रहा हूँ

सिर्फ़ उसके स्वाद के बारे में
कुछ नहीं कहा जा सकता

एक फावड़े की तरह उससे पीठ टिकाकर
एक समूची उम्र काट देने के बाद
मैं इस नतीजे पर पहुँचा हूँ
कि लोहा नहीं
सिर्फ़ आदमी का सिर उसे तोड़ सकता है।

मुक्ति

मुक्ति का जब कोई रास्ता नहीं मिला
मैं लिखने बैठ गया हूँ

मैं लिखना चाहता हूँ 'पेड़'
यह जानते हुए कि लिखना पेड़ हो जाना है
मैं लिखना चाहता हूँ 'पानी'

'आदमी' 'आदमी'—मैं लिखना चाहता हूँ
एक बच्चे का हाथ
एक स्त्री का चेहरा

मैं पूरी ताक़त के साथ
शब्दों को फेंकना चाहता हूँ आदमी की तरफ़
यह जानते हुए कि आदमी का कुछ नहीं होगा
मैं भरी सड़क पर सुनना चाहता हूँ वह धमाका
जो शब्द और आदमी की टक्कर से पैदा होता है

यह जानते हुए कि लिखने से कुछ नहीं होगा
मैं लिखना चाहता हूँ।

वस्तुएँ

वस्तुएँ
ख़ुश हैं न उदास
सिर्फ़ वे बढ़ती जा रही हैं
प्याले की बग़ल में पड़ा है चम्मच
मोढ़े के पास बिछी है चटाई

दियासलाई
कुर्सी की बाँह पर धूप खा रही है

वस्तुएँ ठंडी हैं न गरम
सिर्फ़ वे धूप खा रही हैं

सिर्फ़ वस्तुएँ हैं

तमाम दुनिया की तमाम वस्तुएँ
आपस में टकराती हुईं
एक महान समुद्र की तरह लहराती हुई वस्तुएँ

लगातार—लगातार आदमी की साँस के क़रीब
आती हुई वस्तुएँ

मैं या तो यहाँ हूँ
इस सड़क पर
इस खम्भे के नज़दीक—
उस तने हुए चाक़ू के आमने-सामने

या फिर वहाँ
जहाँ वस्तुएँ समाप्त हो गई हैं

मेरी आत्मा से बह रहा है ख़ून
और वस्तुएँ
मेरे ख़ून से फिर पैदा हो रही हैं।

बारिश

वह अचानक शुरू हुई
बकरियाँ उसके लिए बिलकुल तैयार नहीं थीं
वे देर तक—चीख़ती-चिल्लाती रहीं
मगर पानी पूरी ताक़त के साथ
गटर और उनके गोश्त में उतरता जा रहा था

उनके थन भीगकर भारी हो गए थे

वह सींझने की तैयारी थी
एक तेज़ और लम्बी जिरह की शुरुआत
जिसमें खजूर के पत्ते तक
हिस्सा ले रहे थे

जिरह के बीचोबीच एक गधा खड़ा था
खड़ा था और भीग रहा था
पानी उसकी पीठ और गर्दन की
तलाशी ले रहा था
उसके पास छाता नहीं था

सिर्फ़ जबड़े थे जो पूरी ताक़त के साथ
बारिश और सारी दुनिया के ख़िलाफ़
बन्द कर लिये गए थे

यह सामना करने का
एक ठोस और कारगर तरीक़ा था
जो मुझे अच्छा लगा

बौछारें
तेज़ होती जा रही थीं
पहली बार लगा
कोई किसी को पीट रहा है
जैसे अँधेरे में दरवाज़े पीटे जाते हैं

जो पिट रहा था
उसे देखना मुश्किल था
सिर्फ़ उसकी पीठ से ख़ून गिर रहा था
सिर्फ़ उसके जूते सड़क पर पड़े थे
और बारिश पूरी मुस्तैदी के साथ
उनकी निगरानी कर रही थी
जूते
बारिश में भीगकर
एक अजब ढंग से ख़ूबसूरत लग रहे थे

गधा अब भी उसी तरह खड़ा था
सिर्फ़ उसके जबड़े

कुछ और सख़्त हो गए थे
कुछ और मोटे
कुछ और बेडौल

गधा इतना भीग चुका था
कि अब वह
उस पूरे दृश्य के
नायक की तरह लग रहा था।

नाटक शुरू होने से पहले

समय नहीं है
मैंने उस आदमी से कहा
जो मेरी बग़ल में बैठा था
समय नहीं है किसी भी स्त्री
या पुरुष के पास

देर बहुत हो चुकी है
शहर की बत्तियाँ अचानक बुझने लगी हैं
और लगता है नाटक शुरू होने वाला है
बल्कि नाटक का अन्तिम और सबसे रोमांचक दृश्य
जब नायक
अपने शरीर की त्वचा को छिलके की तरह उतारकर
सम्राट के सूने सिंहासन पर रख देगा

मैं सम्राट को नहीं जानता
सम्राट मुझे नहीं जानता
फिर भी मुझे देर हो रही है
फिर भी मैं इन्तज़ार कर रहा हूँ

सम्राट या तो नहीं है

या है तो फिर वह सो रहा है
मैं उसे छेड़ना नहीं चाहता
मैं सिर्फ़ हर सन्तरी के पास जाना चाहता हूँ
और उसे झकझोरकर जगाना चाहता हूँ
कि उठो—उठो
नाटक शुरू होने वाला है

देर बहुत हो चुकी है
तारे झिलमिला रहे हैं
मैं घंटी के बजने का इन्तज़ार कर रहा हूँ
घंटी मेरे चीख़ने का इन्तज़ार कर रही है

अँधेरे में सन्तरी कुनमुना रहा है

मैं नहीं जानता
नाटक शुरू होने में
अभी कितनी देर है!

भीड़ के विरुद्ध एक शब्द

कुछ देर शहर में अजीब-सी शान्ति थी
लोग थे
यहाँ
वहाँ
और सब कहीं

पर हर व्यक्ति जैसे उस होने से बचकर
कहीं जाने की जल्दी में
सड़क के किनारे कालातीत हो गया था

कि उसी समय
नीला आकाश जहाँ सब दिन से ज़्यादा
उदास और चुप था
वहीं से फूटी एक पतली-सी नदी
और सड़क के तमाम पेड़ों पर टँग गई

सभी ने देखा
पर किसी ने किसी से कुछ नहीं कहा
सिर्फ़ हर व्यक्ति चलता हुआ

चलने से कटकर कुछ अलग हो गया
जिधर दूसरे की पीठ थी

मैं ज़रा दूर था
मैंने भी देखा पर मैं जहाँ खड़ा था वहाँ से
वे सारे लोग और वह पूरी सड़क और वह समूचा आकाश—
सभी कुछ मिलकर एक शब्द बन गया था
एक मरा हुआ शब्द—'चन्द्रोदय'

मैंने उसी को लिया
और पूरे उस दृश्य के विरुद्ध रख दिया

अब मैं स्वतंत्र था
कहीं भी जाने को।

हाथ

उसका हाथ
अपने हाथ में लेते हुए मैंने सोचा
दुनिया को
हाथ की तरह गरम और सुन्दर होना चाहिए।

जाना

मैं जा रही हूँ—उसने कहा
जाओ—मैंने उत्तर दिया
यह जानते हुए कि जाना
हिन्दी की सबसे ख़ौफ़नाक क्रिया है।

गरमी में सूखते हुए कपड़े

कपड़े सूख रहे हैं
हज़ारो–हज़ार
मेरे या न जाने किसके कपड़े
रस्सियों पर टँगे हैं
और सूख रहे हैं

मैं पिछले कई दिनों से
शहर में कपड़ों का सूखना देख रहा हूँ
मैं देख रहा हूँ हवा को
वह पिछले कई दिनों से कपड़े सुखा रही है
उन्हें फिर से धागों और कपास में बदलती हुई
कपड़ों को धुन रही है हवा

कपड़े फिर से बुने जा रहे हैं
फिर से काटे और सिले जा रहे हैं कपड़े
आदमी के हाथ
और घुटनों के बराबर

मैं देख रहा हूँ

धूप देर से लोहा गरमा रही है
हाथ और घुटनों को
बराबर करने के लिए

कपड़े सूख रहे हैं
और सुबह से धीरे-धीरे
गरम हो रहा है लोहा।

नींद

जहाँ गोली
चिड़िया के डैने में घुसती है
जहाँ रोटी पानी में गल जाती है
मैं ठीक वहीं से बोल रहा हूँ

कुछ चेहरे मुझे दिखाई पड़ रहे हैं
कुछ चेहरे मुझे बिलकुल दिखाई नहीं पड़ रहे हैं

मैं एक खोंते से निकलता हूँ
और शहर में घुस जाता हूँ
मैं शहर से निकलता हूँ
और एक बहुत बड़ी माँद मुझे दिखाई पड़ती है

कोई था जो चला गया है
अपने नख और जबड़ों को छोड़कर
कोई नहीं था और जिसके न होने की तीखी गन्ध
चारों ओर फैली हुई है

मुझे पहली बार लगता है मैं अकेला नहीं हूँ
मैं अकेला नहीं हूँ इस बस्ती में
क्योंकि कहीं न कहीं आलू भूने जा रहे हैं
कहीं न कहीं बच्चे बैठे हैं
एक लम्बी और सफ़ेद दाढ़ी को घेरकर
और दाढ़ी से काले चीते बाहर निकल रहे हैं

जहाँ भूख
शर्म से अलग होती है
जहाँ काले चीते
भुनते हुए आलू की ख़ुशबू में बदल जाते हैं
मैं ठीक वहीं से बोल रहा हूँ

मुझे नींद के लिए
किसी बेहतर शब्द की तलाश है।

मैदान में बच्चे

वे आए और मेरे भीतर खड़े हो गए
मैंने महसूस किया
मैं घास भरे मैदान की तरह फैलता जा रहा हूँ

उन्होंने मुझे देखा
और वे ख़ुश हो गए

उन्हें एक मैदान की ज़रूरत थी
और वह मैं हो गया था

उन्हें एक गेंद की ज़रूरत थी
और वह मैं हो सकता था

उन्होंने मुझे देखा
और उनके पैरों में हरकत होने लगी

उन्होंने मुझे छुआ

और मैं उनकी हँसी और चीख़ों के पार
उछल रहा था

जब मैं गिरा तब मैदान नहीं था
—सिर्फ़ उनके पैर थे
जो मेरा इन्तज़ार कर रहे थे

गेंद कहाँ है—एक ने पूछा
दूसरे ने कुएँ की ओर इशारा किया
तीसरे ने झाड़ी की ओर

मैंने देखा वे धीरे-धीरे
कुएँ से झाड़ी की ओर बढ़ रहे हैं
झाड़ी से शहर की ओर

उनके मुक्के तने हुए थे

आख़िर गेंद—गेंद कहाँ है
वे चिल्ला रहे थे

और मुझे दुख हुआ
महान आश्चर्य कि मैं वहीं खड़ा था
और वे मुझे देख नहीं रहे थे।

हमलावर

वे फिर आ रहे हैं

कोहरा दोपहर से ही
सड़कों पर गश्त लगा रहा है

और हालाँकि उनके चेहरे दिखाई नहीं पड़ते
उनके बूटों की आवाज़
गेहूँ के खेतों तक सुनी जा सकती है।

मेरा अनुमान है हर बार
जब पहाड़ों में गिरने लगती है बर्फ़
और सड़कों पर हवा की भारी शहतीरें
तो उनके आने की ख़बर
शहर को
अँगीठी की तरह गरमाने लगती है

वह गरमाहट
बिस्तर से उठते हुए बच्चे को

बेहद प्यारी लगती है

एक स्त्री उठती है
और उस गरमाहट से सुलगाने लगती है चूल्हा

मगर वे फिर आ रहे हैं
पेड़ों को बिस्कुट की तरह तोड़ने के लिए
उस पवित्र समझौते को भंग करने के लिए
जो हर पेड़
शहर की नागरिकता हासिल करने से पहले
उसकी चिड़ियों के साथ करता है

ज़ाहिर है वे फिर आ रहे हैं

मगर यह सारा शहर चुप क्यों है?
कोई पत्ता नहीं हिलता क्यों नहीं?
कोई आदमी किसी को आवाज़ क्यों नहीं देता इस शहर में?

क्या अपनी भाषा की सारी क्रियाएँ
हमने इसलिए ध्वस्त कर दी हैं
कि जब वे आएँगे
तो उनसे बातचीत करने में
आसानी होगी?

धूप में घोड़े पर बहस

वे तीनों धूप में बैठे थे
और घोड़े पर बहस कर रहे थे

वह सुन्दर है—एक ने कहा
ग़लत—दूसरे ने काटा
वह सिर्फ़ ठोस है—बेहद ठोस

तीसरा जो कि अब तक चुप था
धीरे से बोला—वह इतना ठोस है
कि उस पर बहस नहीं हो सकती

क्यों नहीं हो सकती—पहला चीख़ा
ज़रूर हो सकती है—दूसरे ने हामी भरी

तीसरा चुप था
बल्कि कहना चाहिए ख़ुश था
वह बीड़ी की राख झाड़ते हुए बोला—

मगर घोड़ा कहाँ है?

तो क्या हुआ
घोड़े पर बहस तो हो सकती है
पहले ने कहा

हो सकती है मगर मुझे दुख है
मैंने बरसों से घोड़ा नहीं देखा—
तीसरे की आवाज़ में एक अजीब-सा दर्द था

घोड़े कम होते जा रहे हैं
पहले ने कहा

ठीक—मगर यही तो सवाल है
कि घोड़े क्यों कम होते जा रहे हैं
दूसरे ने उत्तर दिया

वे बिक जाते हैं—पहले ने कहा

मगर कौन ख़रीदता है इतने सारे घोड़े
इसका आँकड़ा कहीं तो होगा—
दूसरे का सवाल था

है—मगर वह हमें मिल नहीं सकता
पहले ने 'है' पर ज़ोर देते हुए कहा

क्यों—क्यों नहीं मिल सकता—
दूसरा काँप रहा था

इसलिए कि घोड़े
आँकड़ों को रौंद देते हैं
पहले ने कहा

पहले की आवाज़ इतनी धीमी थी
मानो वह दूसरे से नहीं
ख़ुद से कह रहा हो

तीसरा जो कि अब तक चुप था
एकदम चीख़ा—दोस्तो
एक दिन आँकड़े उठेंगे
और घोड़ों को रौंद डालेंगे

इसके बाद लम्बे समय तक
कोई बहस नहीं हुई।

बीमारी के बाद

चीज़ों में स्वाद फिर लौट रहा है
जैसे खोंते में तिनके लौट रहे हों

कई दिनों बाद मैं फिर खड़ा हूँ
फिर चल रहा हूँ मैं
मेरे तलुओं में पृथ्वी फिर महसूस हो रही है

फिर आज सोमवार है
कई दिनों बाद

आरा-मशीन का चलना फिर शुरू हो गया है
वहाँ कुछ हो रहा है
जिसमें मैं भी शरीक हूँ

कई दिनों बाद मैंने बाहर देखा है
('बाहर'—इस शब्द में कितनी आँच है
कितनी उत्तेजना!)

क्या धूप को 'बाहर' कहते हैं?
पानी को?
आसमान को?
चोंच में कीड़ा दबाए हुए चिड़िया को?

फिर क्या है क्या है बाहर
अगर इस समय मैं ख़ुद बाहर नहीं हूँ
अपने अन्दर की सारी छटपटाहट के साथ!

मैं जानता हूँ बाहर होना एक ऐसा रास्ता है
जो अच्छा होने की ओर खुलता है
और मैं देख रहा हूँ इस खिड़की के बाहर
एक समूचा शहर है
एक विशाल फूल की तरह खिलता हुआ शहर
जहाँ मेरे बहुत-से दोस्त हैं
और बहुत से वधस्थल

यह कितना अद्भुत है
कि सुबह की धूप पूरे शहर पर पड़ रही है!

माँझी का पुल*

मैंने पहली बार
स्कूल से लौटते हुए
उसकी लाल-लाल ऊँची मेहराबें देखी थीं
ये सर्दियों के शुरू के दिन थे
जब पूरब के आसमान में
सारसों के झुंड की तरह डैने पसारे हुए
उड़ता-सा लगता है माँझी का पुल

वह कब बना था
कोई नहीं जानता
किसने बनाया था माँझी का पुल
यह सवाल मेरी बस्ती के लोगों को
अब भी परेशान करता है

'तुम्हारे जन्म से पहले'—
कहती थीं दादी
'जब दिन में रात हुई थी

---

* माँझी : उत्तर प्रदेश और बिहार की सीमा पर स्थित एक गाँव जहाँ घाघरा नदी पर रेलवे का पुराना पुल है।

उससे भी पहले'—
कहता है गाँव का बूढ़ा चौकीदार

क्या यह सच नहीं है कि एक सुबह इसी तरह
किनारे की रेती पर
पड़ा हुआ मिला था माँझी का पुल
बंसी मल्लाह की आँखें पूछती हैं!

लालमोहर हल चलाता है
और ऐन उसी वक़्त
जब उसे खैनी की ज़रूरत महसूस होती है
बैलों के सींगों के बीच से दिख जाता है
माँझी का पुल

झपसी की भेड़ें—
उसने बारहा देखा है—
जब चरते-चरते थक जाती हैं
तो मुँह उठाकर
उस तरफ़ देखने लगती हैं
जिधर माँझी का पुल है

माँझी के पुल में कितने पाये हैं?
उन्नीस—कहता है जगदीश
बीस—सनझू हज्जाम का ख़याल है
कई बार यह संख्या तेईस या चौबीस तक चली जाती है

क्या दिन के पाये
रात में कम हो जाते हैं?
क्या सुबह-सुबह बढ़ जाते हैं
माँझी के पुल के पाये?

माँझी के पुल में कितनी ईंटें हैं?
कितने अरब बालू के कण?
कितने खच्चर
कितनी बैलगाड़ियाँ
कितनी आँखें
कितने हाथ चुन दिए गए हैं माँझी के पुल में
मेरी बस्ती के लोगों के पास
कोई हिसाब नहीं है

सचाई यह है
मेरी बस्ती के लोग सिर्फ़ इतना जानते हैं
दोपहर की धूप में
जब किसी के पास कोई काम नहीं होता
तो पके हुए ज्वार के खेत की तरह लगता है
माँझी का पुल

मगर पुल क्या होता है?
आदमी को अपनी तरफ़ क्यों खींचता है पुल?
ऐसा क्यों होता है कि रात की आख़िरी गाड़ी
जब माँझी के पुल की पटरियों पर चढ़ती है
तो अपनी गहरी नींद में भी
मेरी बस्ती का हर आदमी हिलने लगता है?

एक गहरी बेचैनी के बाद
मैंने कई बार सोचा है माँझी के पुल में
कहाँ है माँझी?
कहाँ है उसकी नाव?
क्या तुम ठीक उसी जगह उँगली रख सकते हो
जहाँ हर पुल में छिपी रहती है एक नाव?

मछलियाँ अपनी भाषा में
क्या कहती हैं पुल को?
सूँस और घड़ियाल क्या सोचते हैं?
कछुओं को कैसा लगता है पुल
जब वे दोपहर बाद की रेती पर
अपनी पीठ फैलाकर
उसकी मेहराबें सेंकते हैं?

मैं जानता हूँ मेरी बस्ती के लोगों के लिए
यह कितना बड़ा आश्वासन है
कि वहाँ पूरब के आसमान में
हर आदमी के बचपन के बहुत पहले से
चुपचाप टँगा है माँझी का पुल

मैं सोचता हूँ
और सोचकर काँपने लगता हूँ
उन्हें कैसा लगेगा अगर एक दिन अचानक पता चला
वहाँ नहीं है माँझी का पुल!

मैं ख़ुद से पूछता हूँ
कौन बड़ा है
वह जो नदी पर खड़ा है माँझी का पुल
या वह जो टँगा है लोगों के अन्दर?

सादा पन्ना

सादा पन्ने पर
सुबह होती है न शाम
हमेशा एक आधी रात का सूरज
गोलार्द्ध के दूसरी तरफ़ चमकता रहता है
सादा पन्ने पर

ग़ौर से देखो
वहाँ दो भूरी आँखें चमक रही हैं
एक ख़ूबसूरत बाघ के बालों की लहक
फैली है तुम्हारी मेज़ पर

हाथ बढ़ाओ
और उन हिंस्त्र बालों में अपनी अँगुलियाँ फिराओ
यहाँ भय की कोई बात नहीं
तुम्हारी त्वचा की तरह गरम
और कोमल होता है सादा पन्ना
तुम्हारे प्रेम की तरह आदिम
तुम्हारी नफ़रत की तरह मुक्त

तुम्हारे नाख़ून की तरह सभ्य
तुम्हारे ख़ून की तरह नमकीन

उसे छूओ
तुम्हें लगेगा अपनी गर्दन के पास की
कोई नस छू रहे हो

कविता यही करती है
यही सीधा मगर जोखिम भरा काम
कि सारे शब्दों के बाद भी
आदमी के पास हमेशा बचा रहे
एक सादा पन्ना।

●●●